目次

大工と鬼

挿絵: ナンシー・レーン
監修: 池城恵子

昔々《むかしむかし》、ある村《むら》に大《おお》きな川《かわ》がありました。大変《たいへん》流《なが》れが速《はや》く、何回《なんかい》橋《はし》をかけても、すぐに流《なが》されてしまいます。橋《はし》がなくては不便《ふべん》です。村人《むらびと》たちは集《あつ》まって相談《そうだん》しました。そして、都《みやこ》で一番《いちばん》の大工《だいく》にお願《ねが》いすることに決《き》めました。

都《みやこ》で一番《いちばん》の大工《だいく》は、橋《はし》をかけるために村《むら》に来《き》ました。しかし、大工《だいく》は川《かわ》を見《み》に行《い》って、びっくりしました。川《かわ》は、ゴーゴー《ごーごー》とすごい音《おと》をたてて流《なが》れています。

「なんて速《はや》い流《なが》れだ。こんな所《ところ》に橋《はし》はかけられない。」

大工《だいく》は、

「これは困《こま》った。どうしよう。」

と、川《かわ》を見《み》ていました。

すると、川《かわ》の中《なか》から、大《おお》きな赤《あか》い鬼《おに》が現《あらわ》れました。大工《だいく》は、びっくりしました。鬼《おに》は、

「おまえは誰《だれ》だ。そこで何《なに》をしている。」

と、大《おお》きな声《こえ》で聞《き》きました。

大工《だいく》はとても怖《こわ》かったのですが、平気《へいき》なふりをして、

「おれは、都《みやこ》で一番《いちばん》の大工《だいく》だ。この川《かわ》に丈夫《じょうぶ》な橋《はし》をかけに来《き》た。」

と言《い》いました。

すると、鬼《おに》は、大《おお》きな黄色《きいろ》い歯《は》を見《み》せて、ハッハッハと笑《わら》いました。

「おまえには橋《はし》はかけられないよ。」

と、意地悪《いじわる》そうに、言《い》いました。

「じゃあ、誰《だれ》ならかけられる？」

大工《だいく》は聞《き》きました。

「この俺《おれ》さ。俺《おれ》なら、橋《はし》がかけられる。」

鬼《おに》は、いばって言《い》いました。

「じゃあ、かけてみせてくれ。」

「かけてやってもいいが、ただではいやだ。ほうびは何《なん》だ。」

「橋《はし》をかけたら、何《なん》でもやる。」

「じゃあ、おまえの目玉《めだま》をもらおう。」

大工《だいく》は、びっくりしました。

でも、橋《はし》をかけてもらうために、

「いいだろう。目玉《めだま》をやろう。」

と言《い》ってしまいました。鬼《おに》は、

「いいか、目玉《めだま》だぞ。橋《はし》ができたら、目玉《めだま》をもらうぞ。じゃ、
明日《あした》、見《み》に来《こ》い。」

と言《い》って、川《かわ》の中《なか》に消《き》えていきました。

次《つぎ》の日《ひ》、大工《だいく》が川《かわ》へ行くと、橋《はし》は、もう半分《はんぶん》できていました。

「これは大変《たいへん》だ、本当《ほんとう》に目玉《めだま》をとられるかもしれない。」

大工《だいく》は心配《しんぱい》になりました。すると、川《かわ》の中《なか》から、赤《あか》い鬼《おに》が現《あらわ》れて、

「さあ、目玉《めだま》をよこせ。」

と言《い》いました。大工《だいく》は、

「まだ半分《はんぶん》じゃないか。橋《はし》が全部《ぜんぶ》かかるまでは、大事《だいじ》な目玉《めだま》はやれない。」

と言《い》いました。鬼《おに》は、

「じゃあ、明日《あした》また見《み》に来《こ》い。」

と言《い》って、川《かわ》の中《なか》に消《き》えていきました。

次《つぎ》の日《ひ》、大工《だいく》が川《かわ》へ行《い》くと、川《かわ》には立派《りっぱ》な橋《はし》がかかっていました。

「目玉《めだま》をとられては大変《たいへん》だ。鬼《おに》に見《み》つかる前《まえ》に逃《に》げよう。」

と、大工《だいく》が思《おも》っていると、赤《あか》い鬼《おに》が現《あらわ》れました。

「さあ、目玉《めだま》をよこせ。」

大工《だいく》の前《まえ》に大《おお》きい手《て》を出《だ》しました。大工《だいく》は、とても怖《こわ》かったのですが、

「これはすごい。本当《ほんとう》に立派《りっぱ》な橋《はし》だ。おまえこそ日本一《にほんいち》の大工《だいく》だ。」

と、鬼《おに》をほめました。鬼《おに》はうれしくなって、

「そうだろう。そうだろう。」

と、大《おお》きな黄色《きいろ》い歯《は》を見《み》せてハッハッハ《はっはっは》と笑《わら》いました。鬼《おに》が喜《よろこ》んでいるのを見《み》て、大工《だいく》は、

「やっぱり目玉《めだま》はやれん。何《なに》も見《み》えなかったら、大工《だいく》はできん。何《なに》か他《ほか》の物《もの》にしてくれ。」

と言《い》いました。赤《あか》い鬼《おに》は、嫌《いや》な顔《かお》をしましたが、ちょっと考《かんが》えて、

「いいだろう。それなら俺《おれ》の名前《なまえ》を当《あ》ててみろ。明日《あした》までに名前《なまえ》を当《あ》てたら、許《ゆる》してやる。明日《あした》、またここへ来《こ》い。」
と言《い》って、川《かわ》の中《なか》へ消《き》えていきました。

大工《だいく》は困《こま》りました。どうしたら鬼《おに》の名前《なまえ》がわかるのでしょう。村《むら》で一番《いちばん》の年寄《としよ》りに聞《き》いてみましたが、わかりませんでした。お寺《てら》のお坊《ぼう》さんにも聞《き》いてみましたが、わかりませんでした。

「明日《あした》、鬼《おに》に目玉《めだま》をとられてしまうのか…。」

大工《だいく》が、うつむいて、森《もり》の中《なか》をとぼとぼと歩《ある》いていると、遠《とお》くから子《こ》どもの歌《うた》う声《こえ》が聞《き》こえてきました。声《こえ》は、だんだん大《おお》きくなりました。

鬼《おに》ろく、どうした、橋《はし》かけた。
かけたら、ほうびに目玉《めだま》をよこせ。

大工《だいく》の顔《かお》は、ぱっと明《あか》るくなりました。

「おにろく？ そうか。あの赤《あか》い鬼《おに》の名前《なまえ》は鬼《おに》ろくだ！」

大工《だいく》は、大喜《おおよろこ》びで、飛《と》び跳《は》ねながら森《もり》を出《で》ました。

次《つぎ》の日《ひ》、大工《だいく》は、川《かわ》へ行《い》って、鬼《おに》を待《ま》っていました。すると、川《かわ》の中《なか》から赤《あか》い鬼《おに》が現《あらわ》れました。

そして、

「さあ、大工《だいく》、目玉《めだま》をよこせ。」

と、大工《だいく》の目《め》の前《まえ》に大《おお》きい手《て》を出《だ》しました。大工《だいく》は、

「まあ、待《ま》て。おまえの名前《なまえ》を当《あ》ててやる。おまえの名前《なまえ》は…鬼《おに》たろうだ。」

と、わざとまちがえて言《い》いました。

「いや、ちがう。」

「そうか、じゃあ、鬼《おに》きちだ。」

「いや、ちがう。」

「鬼《おに》えもん。」

「ちがう。」

「鬼《おに》のすけ。」

「ちがう。」

「鬼《おに》へい。」

「ちがう。」

「うーん、じゃあ…。」

なかなか名前《なまえ》が当《あ》たらないので、鬼《おに》は
怒《おこ》りだしました。そして、

「目玉《めだま》をよこせ。」

と、大工《だいく》に飛《と》びかかろうとしました。

そこで、大工《だいく》は大《おお》きな声《こえ》で、

「鬼《おに》ろく！　お前《まえ》の名前《なまえ》は、鬼《おに》ろくだ！」と叫《さけ》びました。

鬼《おに》はびっくりして、

「ちっ、どうしてわかった。」

と、くやしそうに言《い》うと、ぶくぶくと川《かわ》の底《そこ》に沈《しず》んでいきました。

鬼《おに》ろくが作《つく》った橋《はし》は、とても丈夫《じょうぶ》で、流《なが》されることはありませんでした。

長靴をはいた猫

挿絵: チバコウタロウ
監修: 池城恵子

昔《むかし》、貧《まず》しい粉挽《こなひ》きの男《おとこ》がいました。粉挽《こなひ》きには、息子《むすこ》が三人《さんにん》いました。粉挽《こなひ》きが死《し》んで、水車小屋《すいしゃごや》と、ロバ《ろば》と、猫《ねこ》が残《のこ》りました。一番上《いちばんうえ》の息子《むすこ》は水車小屋《すいしゃごや》を、二番目《にばんめ》の息子《むすこ》はロバ《ろば》をもらいました。末《すえ》の息子《むすこ》は、猫《ねこ》をもらいました。やさしい末《すえ》の息子《むすこ》は、

「お前《まえ》が一緒《いっしょ》にいてくれてうれしいよ。」

と言《い》って、猫《ねこ》の頭《あたま》をなでました。猫《ねこ》は、

「ご主人様《しゅじんさま》は親切《しんせつ》なやさしい方《かた》です。私《わたし》はご主人様《しゅじんさま》のために一生懸命《いっしょうけんめい》に働《はたら》きます。」

と、末《すえ》の息子《むすこ》に言《い》いました。そして、

「長靴《ながぐつ》を一足《いっそく》と大《おお》きな袋《ふくろ》を一《ひと》つください。」

と頼《たの》みました。

「長靴《ながぐつ》と袋《ふくろ》？どうしてそんな物《もの》が欲《ほ》しいんだい？」

末《すえ》の息子《むすこ》は、よくわかりませんでしたが、長靴《ながぐつ》と袋《ふくろ》を猫《ねこ》にあげました。猫《ねこ》はうれしそうに、長靴《ながぐつ》をはいて、袋《ふくろ》を担《かつ》ぎました。

そして、
「ご主人様《しゅじんさま》、それでは行《い》ってきます。」
と、おじぎをして、どこかへ行《い》って
しまいました。

森《もり》の中《なか》で、猫《ねこ》は兎《うさぎ》の穴《あな》の上《うえ》に袋《ふくろ》を置《お》いて、木《き》の後《うし》ろからじっと見《み》ていました。しばらくすると、兎《うさぎ》が穴《あな》から出《で》てきて、袋《ふくろ》に入《はい》りました。猫《ねこ》は飛《と》び出《だ》して、急《いそ》いで袋《ふくろ》をしばりました。兎《うさぎ》の入《はい》った袋《ふくろ》を担《かつ》いで、猫《ねこ》は王様《おうさま》のお城《しろ》に行《い》きました。猫《ねこ》は、

「カラバ《からば》侯爵《こうしゃく》からの贈《おく》り物《もの》でございます。」

と言《い》って、兎《うさぎ》を王様《おうさま》にあげました。王様《おうさま》は兎《うさぎ》の肉《にく》が大好《だいす》きでした。それから毎日《まいにち》、猫《ねこ》は、兎《うさぎ》を捕《つか》まえて、お城《しろ》に持《も》って行《い》きました。

ある日《ひ》、王様《おうさま》は猫《ねこ》に言《い》いました。

「カラバ《からば》侯爵《こうしゃく》に会《あ》いたい。カラバ《からば》侯爵《こうしゃく》の家《いえ》へ案内《あんない》してくれ。」

猫《ねこ》は、

「カラバ《からば》侯爵《こうしゃく》の家《いえ》は、森《もり》の向《む》こうにあります。」

と、森《もり》の向《む》こうの大《おお》きなお城《しろ》を教《おし》えました。

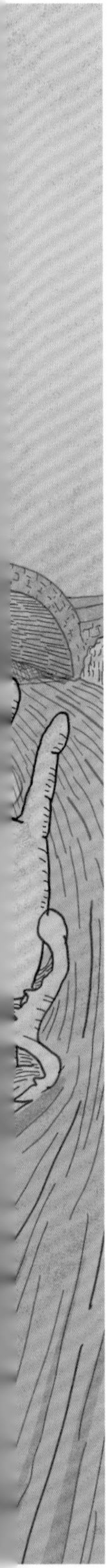

「さあ、大変《たいへん》！」

猫《ねこ》は、急《いそ》いで末《すえ》の息子《むすこ》の所《ところ》に帰《かえ》りました。

「さあ、今《いま》から川《かわ》へ行《い》きましょう。」

と言《い》って、末《すえ》の息子《むすこ》を川《かわ》まで連《つ》れて行《い》きました。川《かわ》に着《つ》くと、猫《ねこ》は、末《すえ》の息子《むすこ》に言《い》いました。

「早《はや》く服《ふく》を脱《ぬ》いで、川《かわ》に入《はい》ってください。そして、おぼれたふりをしてください。」

「どうしてそんなことをするんだい？」

「ご主人様《しゅじんさま》のためです。さあ早《はや》く。」

末《すえ》の息子《むすこ》は、よくわかりませんでしたが、服《ふく》を脱《ぬ》いで、川《かわ》に入《はい》りました。猫《ねこ》は、末《すえ》の息子《むすこ》のぼろぼろの服《ふく》を隠《かく》しました。

「助《たす》けて、助《たす》けて。」

末《すえ》の息子《むすこ》は、おぼれたふりをしました。その時《とき》、王様《おうさま》とお姫様《ひめさま》の馬車《ばしゃ》が近《ちか》づいてきました。

猫《ねこ》は、

「泥棒《どろぼう》！　泥棒《どろぼう》！」

と、大声《おおごえ》で叫《さけ》びました。そして、王様《おうさま》に
「王様《おうさま》、助《たす》けてください。カラバ《からば》侯爵《こうしゃく》が大変《たいへん》です。泥棒《どろぼう》に服《ふく》も馬《うま》もとられて、川《かわ》に投《な》げられたんです。」

と言《い》いました。王様《おうさま》は、カラバ《からば》侯爵《こうしゃく》を川《かわ》から助《たす》けてあげました。そして、末《すえ》の息子《むすこ》に服《ふく》をあげました。きれいな服《ふく》を着《き》た末《すえ》の息子《むすこ》は、とても立派《りっぱ》で、本物《ほんもの》の侯爵《こうしゃく》のようです。

お姫様《ひめさま》は、末《すえ》の息子《むすこ》を見《み》て、にっこりしました。

「カラバ《からば》侯爵《こうしゃく》、この馬車《ばしゃ》に乗《の》って、お城《しろ》に行《い》きましょう。」

と、王様《おうさま》は言《い》いました。王様《おうさま》の馬車《ばしゃ》は、お城《しろ》に向《む》かってゆっくり走《はし》りました。

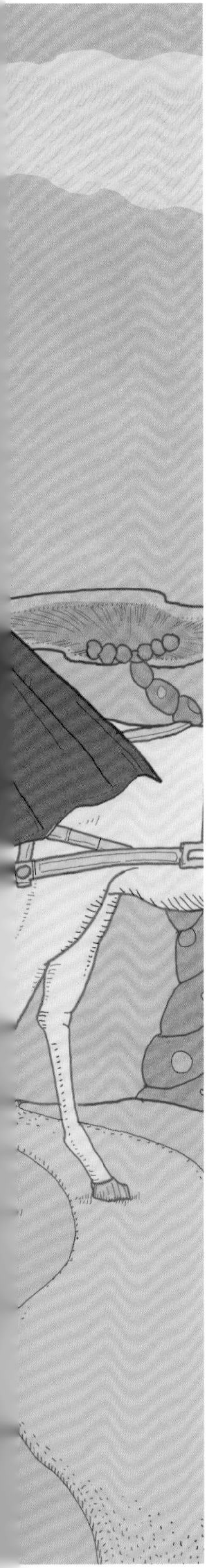

その間《あいだ》、猫《ねこ》は、森《もり》の中《なか》をどんどん先《さき》へ走《はし》りました。広《ひろ》い畑《はたけ》がありました。猫《ねこ》は、そこで働《はたら》いている人《ひと》たちに聞《き》きました。

「これは誰《だれ》の畑《はたけ》かい。」

「あのお城《しろ》の魔法使《まほうつか》いの畑《はたけ》だよ。怖《こわ》くて、意地悪《いじわる》な魔法使《まほうつか》いさ。」

「じゃ、魔法使《まほうつか》いをやっつけてやろう。もうすぐ、王様《おうさま》の馬車《ばしゃ》が来る。王様《おうさま》に、この畑《はたけ》は誰《だれ》のかと聞《き》かれたら、カラバ侯爵《からばこうしゃく》の畑《はたけ》ですと答《こた》えるんだ。」

しばらくすると、王様《おうさま》の馬車《ばしゃ》が来《き》ました。王様《おうさま》が、

「この畑《はたけ》は、誰《だれ》のかね。」

と聞《き》くと、みんなは、

「カラバ侯爵様《からばこうしゃくさま》の畑《はたけ》でございます。」

と答《こた》えました。王様《おうさま》は、広《ひろ》い畑《はたけ》を見《み》て、

「なんと広《ひろ》い畑《はたけ》。カラバ侯爵《からばこうしゃく》は、お金持《かねも》ちなんだ。」

と感心《かんしん》しました。

その間《あいだ》、猫《ねこ》は、どんどん先《さき》へ走《はし》って、魔法使《まほうつか》いのお城《しろ》に着《つ》きました。

「魔法使《まほうつか》い様《さま》。このあたりで一番《いちばん》すごい魔法使《まほうつか》い様《さま》。どんなすごい魔法《まほう》を使《つか》うのですか。」

と、猫《ねこ》は、魔法使《まほうつか》いに言《い》いました。

魔法使《まほうつか》いは、いい気分《きぶん》になって、大《おお》きなライオン《らいおん》に化《ば》けました。お城《しろ》が壊《こわ》れそうな大《おお》きな声《こえ》で、

「ウォー《うぉー》！」

と吠《ほ》えて、猫《ねこ》を見《み》ました。猫《ねこ》は、慌《あわ》てて、

「おお、怖《こわ》い、怖《こわ》い！　これはすごい。でも、小《ちい》さい物《もの》に化《ば》けるは難《むずか》しいでしょうねえ。

たとえば、ネズミ《ねずみ》とか。」

と言《い》いました。

「何《なに》？　ネズミ《ねずみ》？」

魔法使《まほうつか》いは、すぐに小《ちい》さいネズミ《ねずみ》に化《ば》けて、チョロチョロ《ちょろちょろ》と走《はし》りました。猫《ねこ》は、

「今《いま》だ！」

と、魔法使《まほうつか》いを捕《つか》まえて、ペロリ《ぺろり》と、一口《ひとくち》で食《た》べてしまいました。

その時《とき》、馬車《ばしゃ》がお城《しろ》に着《つ》きました。王様《おうさま》とお姫様《ひめさま》と末《すえ》の息子《むすこ》が、馬車《ばしゃ》から降《お》りてきました。

猫《ねこ》は、

「ご主人様《しゅじんさま》、お帰《かえ》りなさいませ。」

と、末《すえ》の息子《むすこ》におじぎをしました。王様《おうさま》は、大《おお》きなお城《しろ》を見《み》て、

「なんと立派《りっぱ》な城《しろ》。カラバ侯爵《からばこうしゃく》は、お金持《かねも》ちなんだ。」

と感心《かんしん》しました。


魔法使《まほうつか》いのお城《しろ》で、猫《ねこ》は、王様《おうさま》とお姫様《ひめさま》にごちそうをたくさん出《だ》しました。

王様《おうさま》は、すっかりカラバ侯爵《からばこうしゃく》が気《き》に入《い》りました。

それから、末《すえ》の息子《むすこ》はお姫様《ひめさま》と結婚《けっこん》して、大《おお》きなお城《しろ》で、お姫様《ひめさま》と猫《ねこ》と幸《しあわ》せに暮《く》らしました。

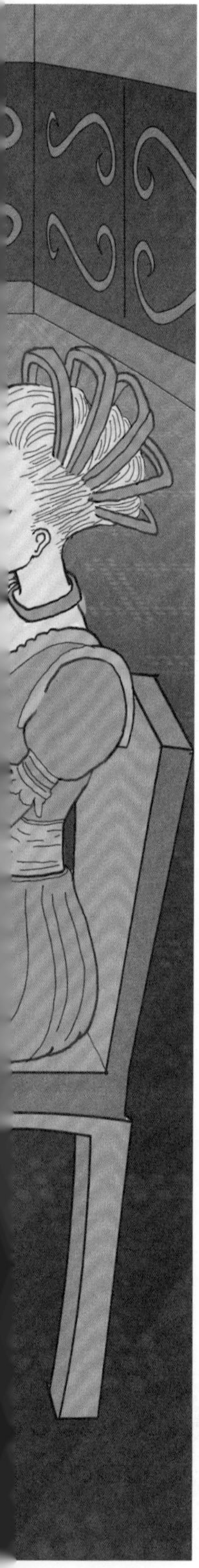

七夕物語

挿絵: ピーター・デイリー
監修: 穴井宰子、池城恵子

夏《なつ》の夜空《よぞら》、天《あま》の川《がわ》の東《ひがし》と西《にし》に美《うつく》しく輝《かがや》く二《ふた》つの星《ほし》があります。牽牛星《けんぎゅうせい》（彦星《ひこぼし》）と織女星《しょくじょせい》（織姫《おりひめ》）です。七夕《たなばた》（七月七日《しちがつなのか》）物語《ものがたり》はこの二《ふた》つの星《ほし》のお話《はなし》です。

昔々《むかしむかし》、空《そら》のずっと上《うえ》に、天《てん》の国《くに》がありました。天《てん》の国《くに》の東《ひがし》に、織姫《おりひめ》という娘《むすめ》がいました。織姫《おりひめ》は天《てん》の神様《かみさま》の娘《むすめ》で、毎日《まいにち》、機織《はたお》り機《き》の前《まえ》に座《すわ》って、布《ぬの》を織《お》っていました。織姫《おりひめ》は、この仕事《しごと》が大好《だいす》きでした。天《てん》の国《くに》の人《ひと》は、織姫《おりひめ》の布《ぬの》で美《うつく》しい着物《きもの》を作《つく》りました。

天《てん》の国《くに》の西《にし》には、彦星《ひこぼし》という青年《せいねん》がいました。彦星《ひこぼし》は牛使《うしつか》いでした。毎日《まいにち》、牛《うし》を引《ひ》いて田畑《たはた》を耕《たがや》し、牛《うし》の世話《せわ》をしていました。

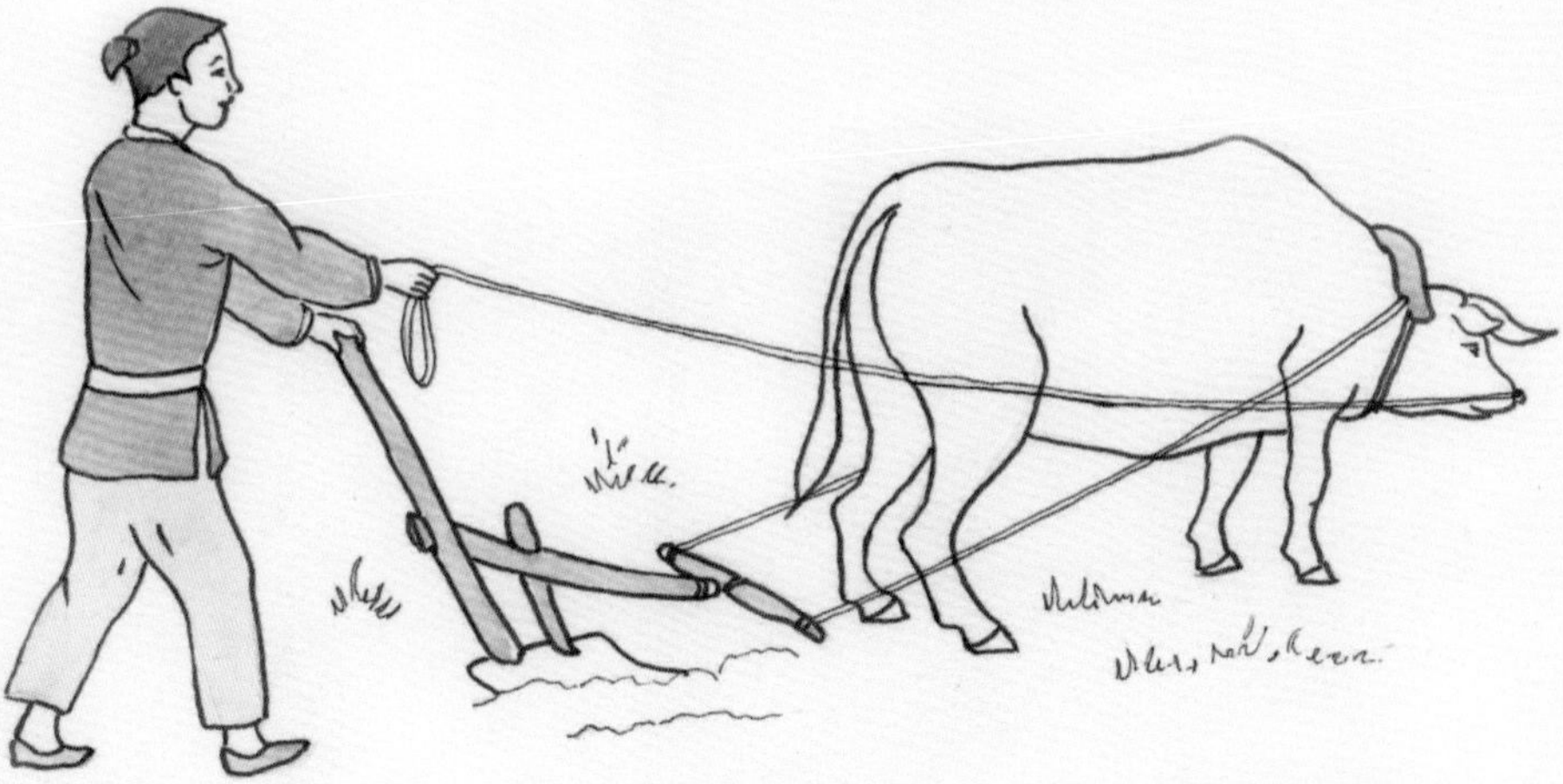

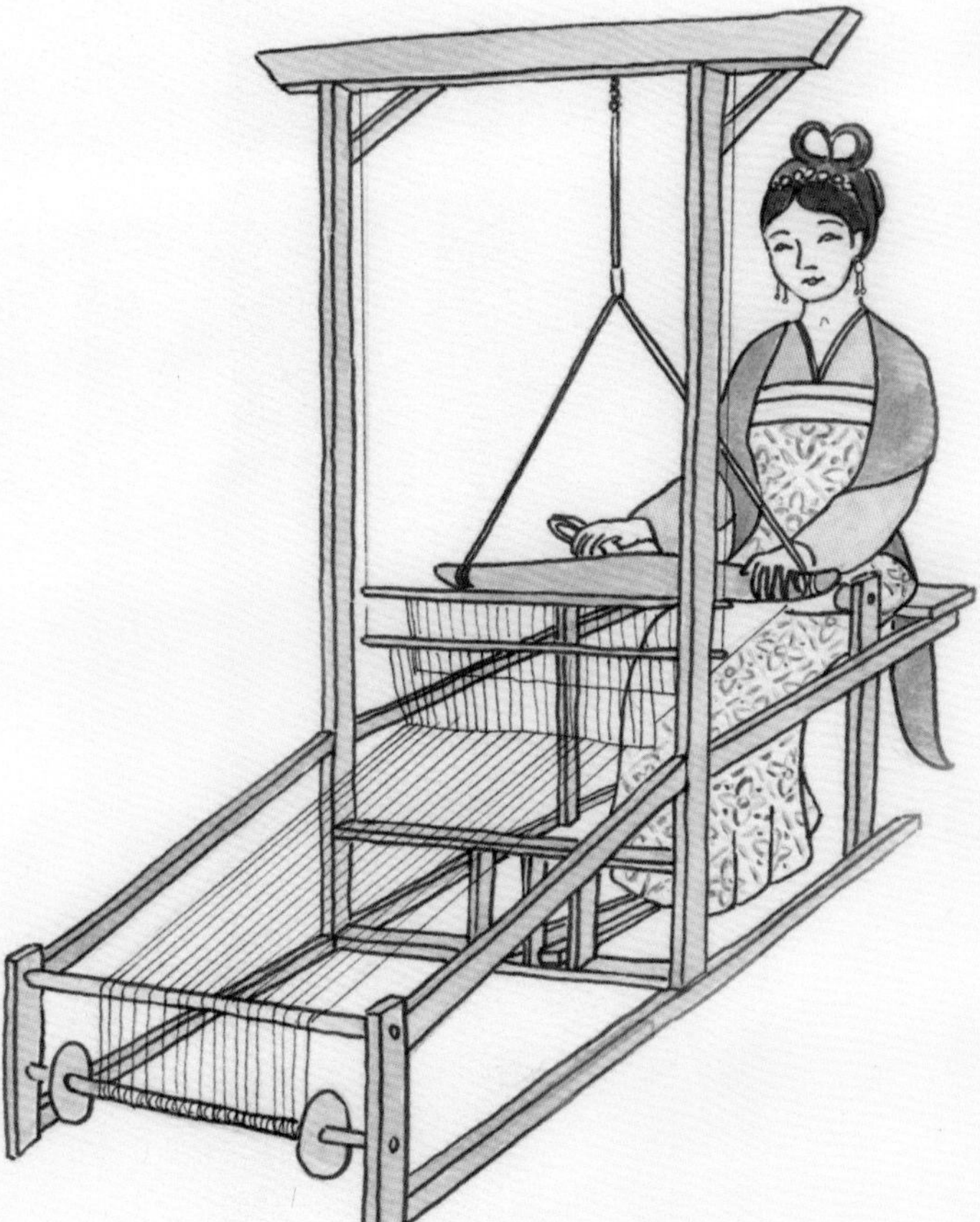

ある日《ひ》、織姫《おりひめ》は、畑《はたけ》を耕《たがや》す彦星《ひこぼし》を見《み》ました。何《なん》と立派《りっぱ》な方《かた》なんでしょう。一生懸命《いっしょうけんめい》に働《はたら》く彦星《ひこぼし》の姿《すがた》を見《み》て、織姫《おりひめ》は彦星《ひこぼし》がたちまち好《す》きになりました。彦星《ひこぼし》も織姫《おりひめ》を見《み》て、思《おも》いました。何《なん》と美《うつく》しい人《ひと》なんだろう。彦星《ひこぼし》も織姫《おりひめ》が好《す》きになりました。そして、二人《ふたり》は結婚《けっこん》しました。天《てん》の国《くに》の神様《かみさま》も、とても喜《よろこ》びました。

織姫《おりひめ》と彦星《ひこぼし》は、仲良《なかよ》く暮《く》らしました。歌《うた》を歌《うた》ったり、本《ほん》を読《よ》んだり、散歩《さんぽ》をしたり、琴《こと》を弾《ひ》いたりしました。

ところが、二人《ふたり》でいると、あまり楽《たの》しくて、仕事《しごと》のことをすっかり忘《わす》れてしまいました。織姫《おりひめ》は布《ぬの》を織《お》らなくなりました。彦星《ひこぼし》は、牛《うし》を連《つ》れて畑《はたけ》に行《い》かなくなりました。織姫《おりひめ》が布《ぬの》を織《お》らないので、天《てん》の国《くに》の人《ひと》は、着物《きもの》を作《つく》ることができません。彦星《ひこぼし》が畑《はたけ》を耕《たがや》さないので、米《こめ》や野菜《やさい》は枯《か》れて、牛《うし》は病気《びょうき》になってしまいました。天《てん》の国《くに》の人《ひと》たちは困《こま》って、神様《かみさま》に言《い》いに行《い》きました。

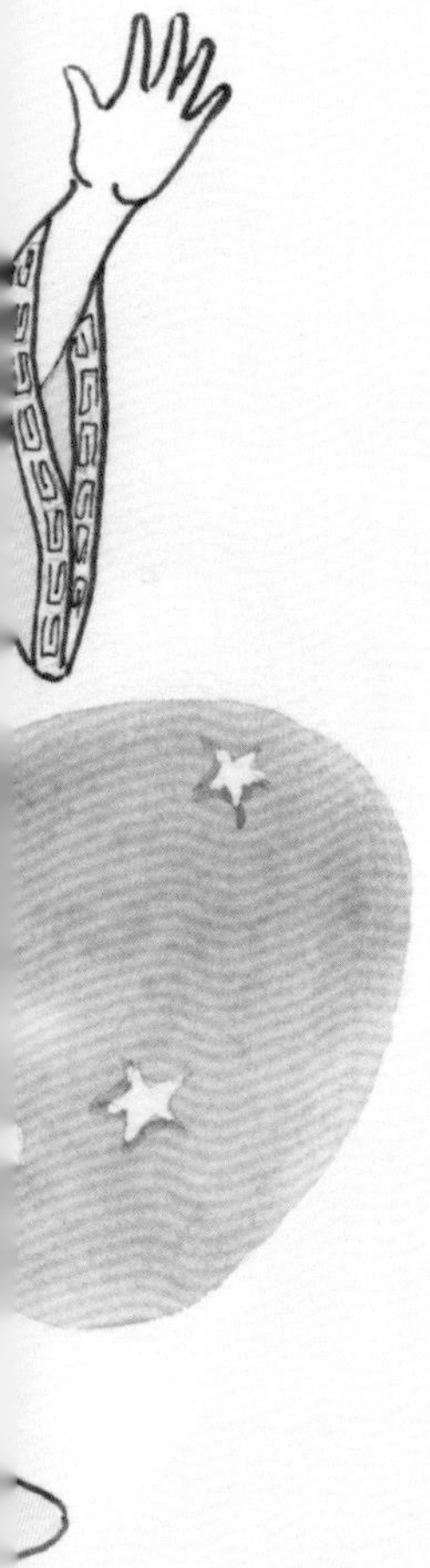

神様《かみさま》はこの話《はなし》を聞《き》いて、大変《たいへん》怒《おこ》りました。そして、二人《ふたり》の間《あいだ》に天《あま》の川《がわ》を作《つく》り、二人《ふたり》を会《あ》えなくしてしまいました。

天《あま》の川《がわ》は広《ひろ》くて、どんなに大《おお》きな声《こえ》で呼《よ》んでも、向《む》こう岸《ぎし》の人《ひと》には聞《き》こえません。向《む》こう岸《ぎし》はとても遠《とお》くて、川《かわ》の水《みず》しか見《み》えません。織姫《おりひめ》と彦星《ひこぼし》は、声《こえ》を聞《き》くことも、顔《かお》を見《み》ることもできなくなってしまいました。

織姫《おりひめ》は、機織《はたお》り機《き》の前《まえ》に座《すわ》りましたが、悲《かな》しくて、涙《なみだ》が出《で》てくるばかりです。いくら織《お》っても、布《ぬの》は涙《なみだ》でぬれてしまいます。彦星《ひこぼし》も、田畑《たはた》へ行《い》っても、川《かわ》の側《そば》に来《く》ると、織姫《おりひめ》を思《おも》って、川《かわ》の向《む》こうをいつまでも見《み》ています。

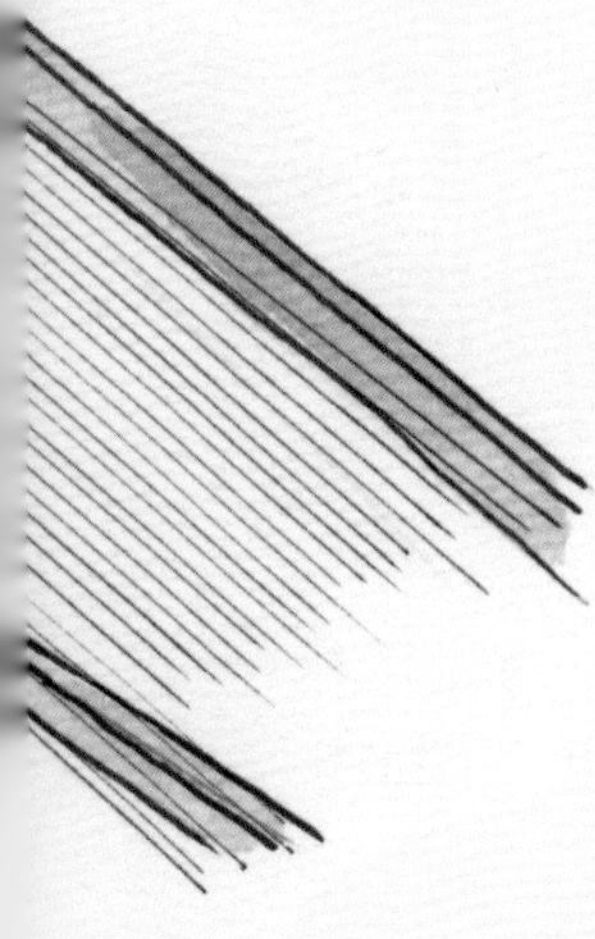

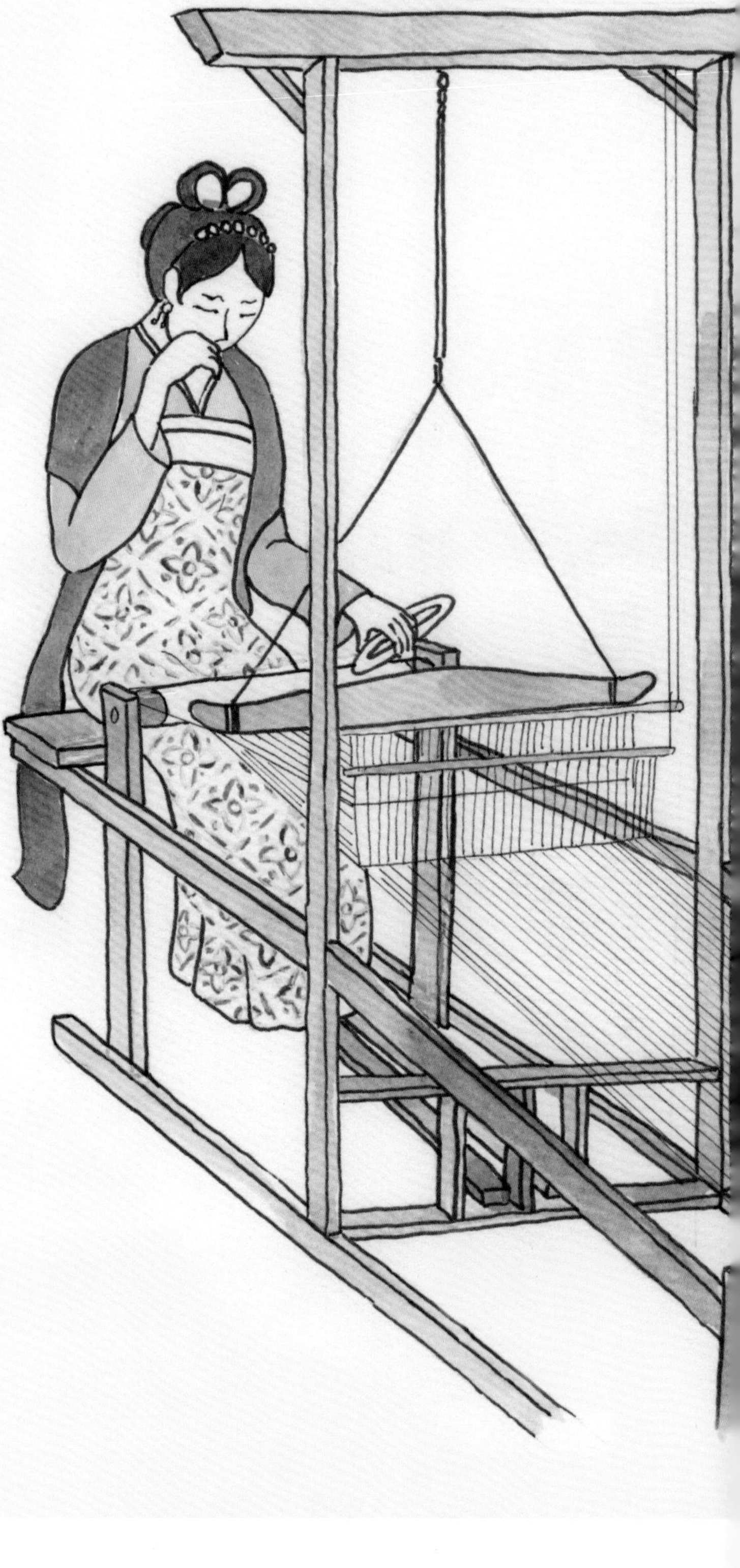

神様《かみさま》は、そんな二人《ふたり》を、かわいそうに思《おも》いました。そして、ある日《ひ》、二人《ふたり》に言《い》いました。

「織姫《おりひめ》よ。また一生懸命《いっしょうけんめい》、布《ぬの》を織《お》るのなら、彦星《ひこぼし》に会《あ》ってもいいだろう。」

「彦星《ひこぼし》よ。もう一度《いちど》、田畑《たはた》に戻《もど》って働《はたら》くのなら、織姫《おりひめ》に会《あ》ってもいいだろう。」

織姫《おりひめ》と彦星《ひこぼし》は、これから一生懸命《いっしょうけんめい》に働《はたら》くことを約束《やくそく》しました。

「では、七夕《たなばた》（七月七日《しちがつなのか》）の夜《よる》に、ここに来《き》なさい。」

と、神様《かみさま》は言《い》いました。

その日《ひ》から、織姫《おりひめ》と彦星《ひこぼし》は『七夕《たなばた》』を楽《たの》しみに、毎日《まいにち》、毎日《まいにち》、一生懸命《いっしょうけんめい》に働《はたら》きました。

織姫《おりひめ》は、すばらしい、きれいな布《ぬの》をたくさん織《お》りました。彦星《ひこぼし》も、朝《あさ》から晩《ばん》まで休《やす》まないで、牛《うし》の世話《せわ》をして、田畑《たはた》を耕《たがや》しました。

七月七日《しちがつなのか》になりました。二人《ふたり》は天《あま》の川《がわ》の東《ひがし》と西《にし》の岸《きし》に立《た》って、向《む》こう岸《ぎし》を見《み》ていました。広《ひろ》い天《あま》の川《がわ》には橋《はし》も舟《ふね》もありません。どうやって二人《ふたり》は会《あ》うことができるのでしょうか。すると、どこからか、カササギ《かささぎ》という鳥《とり》が、織姫《おりひめ》の側《そば》に飛《と》んで来《き》ました。彦星《ひこぼし》の方《ほう》にも、カササギ《かささぎ》が飛《と》んで来《き》ました。カササギ《かささぎ》は、

「神様《かみさま》に言《い》われて、お二人《ふたり》の橋《はし》になりに来《き》ました。」

と言《い》いました。次《つぎ》から次《つぎ》へと、たくさんのカササギ《かささぎ》が飛《と》んで来《き》て、羽《はね》を広《ひろ》げました。そして、羽《はね》と羽《はね》をつなげて、天《あま》の川《がわ》に橋《はし》ができました。織姫《おりひめ》と彦星《ひこぼし》は、喜《よろこ》んでカササギ《かささぎ》の橋《はし》を渡《わた》って行《い》きました。

こうして二人《ふたり》は、一年《いちねん》に一度《いちど》、七夕《たなばた》の夜《よる》に会《あ》うことができるようになりました。

日本《にほん》では、七夕《たなばた》には、色々《いろいろ》な飾《かざ》りや、色紙《しきし》を切《き》った短冊《たんざく》を笹《ささ》につるして、星《ほし》にお祈《いの》りをします。短冊《たんざく》には色々《いろいろ》なお願《ねが》いを書《か》きます。たくさんの短冊《たんざく》の中《なか》に、

「七夕《たなばた》の夜《よる》が晴《は》れますように。」

と書《か》いて、織姫《おりひめ》と彦星《ひこぼし》のために、その日《ひ》が晴《は》れることを祈《いの》ります。七夕《たなばた》の日《ひ》に雨《あめ》が降《ふ》ると、カササギ《かささぎ》は羽《はね》を広《ひろ》げて橋《はし》になることができないからです。

七月七日《しちがつなのか》の晴《は》れた夜《よる》、空《そら》を見《み》てください。天《あま》の川《がわ》の東《ひがし》と西《にし》に、織姫《おりひめ》と彦星《ひこぼし》の星《ほし》が美《うつく》しく輝《かがや》いているでしょう。

宝くじが当たりますように
結婚ができますように
地震がおこりませんように、

ねこと七夕

作: 高崎晋介
挿絵: パナ・スタモス
監修: 穴井宰子

夏休《なつやす》みも近《ちか》いある日《ひ》、カフェ《かふぇ》『菜《な》の花《はな》』は、たくさんの学生《がくせい》がいます。夏希《なつき》、京平《きょうへい》、翔太《しょうた》の三人《さんにん》も、コーヒー《こーひー》を飲《の》みながら、試験《しけん》のために勉強《べんきょう》していました。

夏希《なつき》は、めがねを光《ひか》らせて、ノート《のーと》に英語《えいご》の単語《たんご》を書《か》いています。その真面目《まじめ》な顔《かお》を見《み》て、翔太《しょうた》が言《い》いました。

「そんなに頑張《がんば》らなくてもいいのに。」

夏希《なつき》は、英語《えいご》の本《ほん》を開《ひら》いて言《い》いました。

「昨日《きのう》の夜《よる》、うちの猫《ねこ》がずっと鳴《な》いて、勉強《べんきょう》できなかったのよ。」

コーヒーカップ《こーひーかっぷ》をおいて、京平《きょうへい》が言《い》いました。

「ちょっと休《やす》もう。」

『菜《な》の花《はな》』を出《で》て、三人《さんにん》は夏希《なつき》の家《いえ》に行《い》きました。夏希《なつき》の家《いえ》の庭《にわ》には、七夕《たなばた》の笹《ささ》が飾《かざ》ってありました。時々《ときどき》、涼《すず》しい風《かぜ》が吹《ふ》いて、笹《ささ》の葉《は》を揺《ゆ》らしています。

七月七日《しちがつなのか》は七夕《たなばた》といって、天《てん》の国《くに》の恋人《こいびと》が一年《いちねん》に一度《いちど》だけ会《あ》うことのできる日《ひ》です。

働《はたら》き者《もの》の織姫《おりひめ》と牛飼《うしか》いの彦星《ひこぼし》は、恋《こい》をしてから、仕事《しごと》をしなくなってしまいました。

怒《おこ》った天《てん》の神様《かみさま》は、二人《ふたり》を離《はな》して、一年《いちねん》に一度《いちど》しか会《あ》えないようにしたのです。

そんな二人《ふたり》が会《あ》える七夕《たなばた》の日《ひ》には、短冊《たんざく》に願《ねが》い事《ごと》を書《か》いて笹《ささ》に飾《かざ》ります。

チーズケーキ《ちーずけーき》を頬張《ほおば》って、翔太《しょうた》が短冊《たんざく》に何《なに》か書《か》きました。

――恋人《こいびと》ができますように。

翔太《しょうた》の真面目《まじめ》な願《ねが》いに、京平《きょうへい》は、にやにやしました。京平《きょうへい》も自分《じぶん》の願《ねが》いを書《か》きました。

――試験《しけん》で、いい点《てん》が取《と》れますように。

短冊《たんざく》を読《よ》んでいる二人《ふたり》の側《そば》で、夏希《なつき》は何《なに》も言《い》いません。今日《きょう》も猫《ねこ》のミュー《みゅー》に元気《げんき》がなかったからです。猫《ねこ》は三人《さんにん》のいる庭《にわ》の方《ほう》をじーっと見《み》ています。

「どうしたのよ、ミュー《みゅー》ちゃん。元気《げんき》がないわね。」

夏希《なつき》が近《ちか》づくと、ミュー《みゅー》は夏希《なつき》が持《も》っていた短冊《たんざく》をくわえて、ぴゅーっと、外《そと》に飛《と》び出《だ》してしまいました。

「どこに行《い》くの？」

夏希《なつき》は、あわてて、ミュー《みゅー》の後《あと》を追《お》いました。京平《きょうへい》と翔太《しょうた》も、夏希《なつき》に続《つづ》きました。

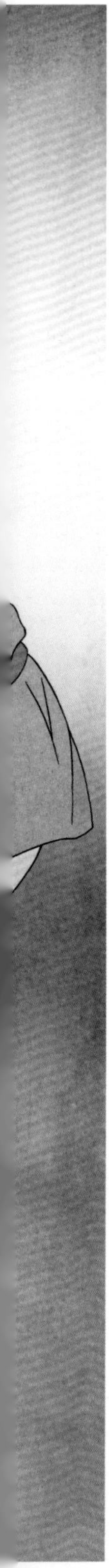

試験にとおりますように
家族が健康ですごせますように
結婚ができますように
織姫と彦星が会えますように
毎日楽しくすごせますように

猫《ねこ》は商店街《しょうてんがい》の方《ほう》へ走《はし》って行《い》きました。三人《さんにん》は猫《ねこ》を探《さが》して、いろんなお店《みせ》をたずねました。

夏希《なつき》は、魚屋《さかなや》で聞《き》きました。

「あの、うちの猫《ねこ》、見《み》ませんでしたか。」

「いやあ、知《し》らないねえ。隣《となり》の八百屋《やおや》さんに聞《き》いてみたら、どうだい？」

八百屋《やおや》さんに聞《き》いても同《おな》じでした。

「知《し》らないねえ。」

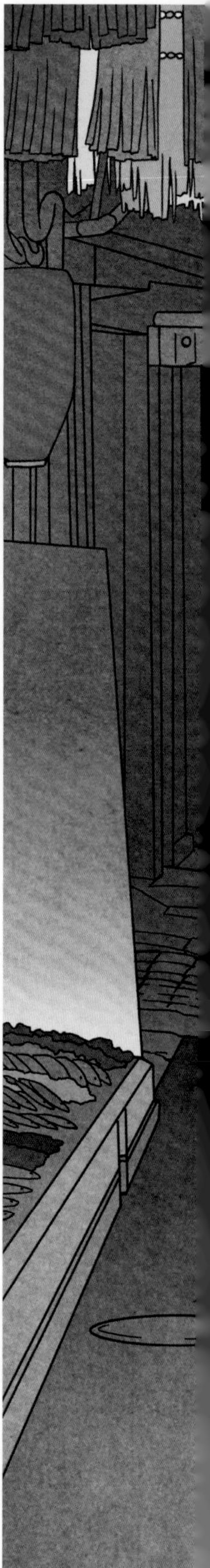

パン屋《ぱんや》さんにも本屋《ほんや》さんにも聞《き》きましたが、誰《だれ》もミュー《みゅー》を知《し》りませんでした。夏希《なつき》は、心配《しんぱい》になってきました。

あちこち歩《ある》き回《まわ》って、のどがかわいたので、三人《さんにん》は自動販売機《じどうはんばいき》で飲《の》み物《もの》を買《か》いました。冷《つめ》たいお茶《ちゃ》を、がぶがぶ飲《の》みながら、翔太《しょうた》が言《い》いました。

「本当《ほんとう》に、どこに行《い》ったんだろうね。」

その時《とき》、どこからか涼《すず》しい風《かぜ》が吹《ふ》きました。近《ちか》くの家《いえ》の笹《ささ》の葉《は》が揺《ゆ》れて、さらさらと音《おと》を立《た》てました。それは流《なが》れる水《みず》のようでした。夏希《なつき》は目《め》を閉《と》じました。

「川《かわ》の方《ほう》へ行《い》ったのかもしれない。」

夏希《なつき》が目《め》を開《あ》けて言《い》いました。

「この前《まえ》、散歩《さんぽ》に行《い》った時《とき》、ミュー《みゅー》が川原《かわら》にいるのを見《み》たわ。」

ジュース《じゅーす》を飲《の》み終《お》えて、三人《さんにん》は川《かわ》へ向《む》かいました。

川《かわ》は、二《に》、三日前《さんにちまえ》の大雨《おおあめ》で、水《みず》がずいぶんと増《ふ》えていました。三人《さんにん》は、大《おお》きな音《おと》のする川岸《かわぎし》へ走《はし》りました。

「あっ、いた！」

ミュー《みゅー》は、流《なが》された橋《はし》の横《よこ》にいました。座《すわ》って、川《かわ》の向《む》こう側《がわ》を見《み》ています。夏希《なつき》はミュー《みゅー》を抱《だ》きあげました。

「よかった。」

その時《とき》、京平《きょうへい》は、川《かわ》の向《む》こう岸《ぎし》に動《うご》くものを見《み》つけました。高《たか》い木《き》の下《した》で黒《くろ》い猫《ねこ》が、みゃあおと、こっちに向《む》かって鳴《な》いています。翔太《しょうた》も黒猫《くろねこ》を見《み》て言《い》いました。

「あの猫《ねこ》に会《あ》いたいんだよ。」

夏希《なつき》は、めがねを押《お》さえて、黒猫《くろねこ》の方《ほう》を見《み》ました。

「じゃあ、会《あ》わせてあげよう。」

京平《きょうへい》が靴《くつ》を脱《ぬ》いで、言《い》いました。

「危《あぶ》ないよ。」

翔太《しょうた》が言《い》いました。

「大丈夫《だいじょうぶ》だよ。」

京平《きょうへい》は、そう言《い》うと、川《かわ》の中《なか》へ足《あし》を入《い》れて、水《みず》の中《なか》にどんどん入《はい》っていきました。川《かわ》の流《なが》れは速《はや》く、京平《きょうへい》は、ゆっくりと川《かわ》の向《む》こうへ歩《ある》いて行《い》きます。川《かわ》の真《ま》ん中《なか》まで来《く》ると、水《みず》に押《お》されて、京平《きょうへい》は倒《たお》れそうになりました。翔太《しょうた》は、思《おも》わず目《め》をつぶりました。

しばらくして、翔太《しょうた》が目《め》を開《あ》けると、向《む》こう岸《ぎし》で、京平《きょうへい》が黒猫《くろねこ》を抱《かか》えて、手《て》を振《ふ》っていました。

翔太《しょうた》は、ほっとしました。

「猫《ねこ》は水《みず》が嫌《きら》いだから、京平《きょうへい》のシャツ《しゃつ》でくるむのよ。」

夏希《なつき》が言《い》いました。黒猫《くろねこ》をシャツ《しゃつ》にくるんで、京平《きょうへい》は、また川《かわ》に入《はい》りました。黒猫《くろねこ》を頭《あたま》に乗《の》せて、ゆっくり水《みず》の中《なか》を歩《ある》いて来《き》ます。

「頑張《がんば》れ。」

「もう少《すこ》し。」

びしょびしょになって、京平《きょうへい》はやっと、翔太《しょうた》と夏希《なつき》のところへ帰《かえ》ってきました。ミュー《みゅー》と黒猫《くろねこ》はじゃれあって、とても嬉《うれ》しそうです。

「ねこの七夕《たなばた》か。」

と、翔太《しょうた》が言《い》いました。

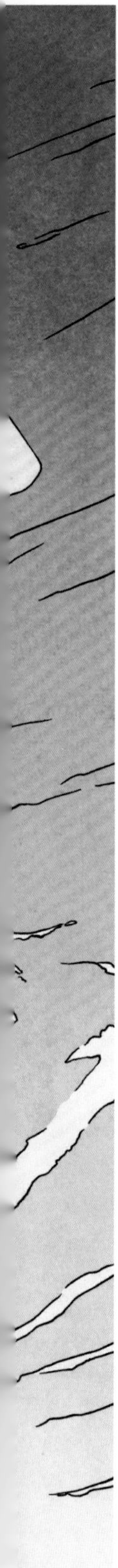

京平《きょうへい》は、ミュー《みゅー》がくわえていた短冊《たんざく》を夏希《なつき》に渡《わた》しました。短冊《たんざく》には、

――ミュー《みゅー》が元気《げんき》になりますように。

と書《か》いてありました。夏希《なつき》は、笑《わら》ってミュー《みゅー》と黒猫《くろねこ》をなでました。

その夜《よる》、三人《さんにん》と二匹《にひき》の猫《ねこ》は、星《ほし》いっぱいの空《そら》を眺《なが》めて、七夕《たなばた》を祝《いわ》いました。

夜空《よぞら》には、織姫《おりひめ》と彦星《ひこぼし》が美《うつく》しく光《ひか》っていました。

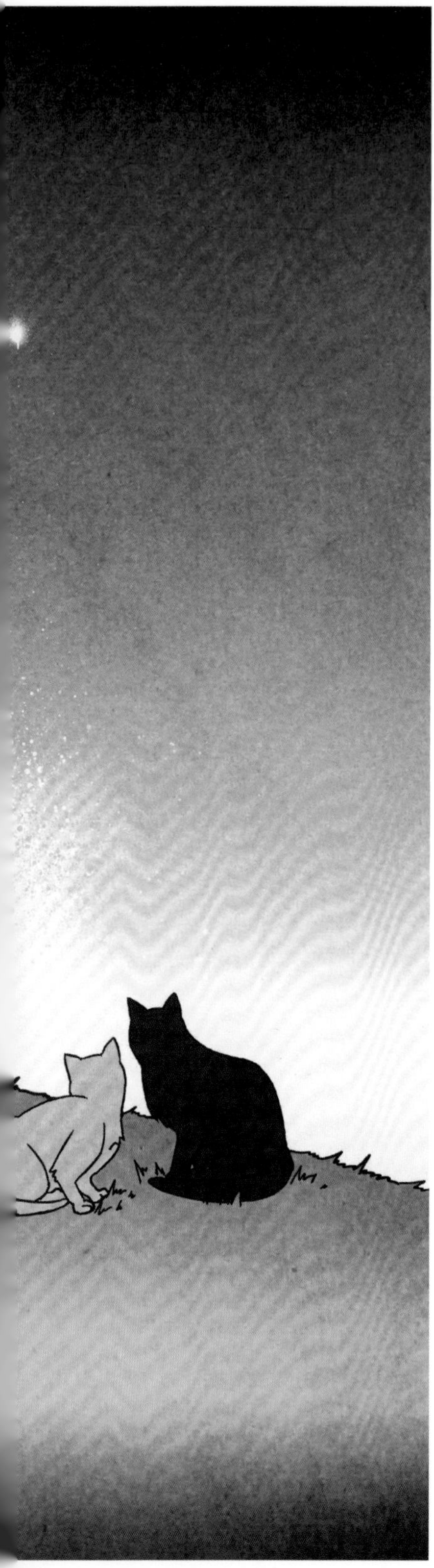

仏壇屋のジャズピアニスト

作: 山中彰子
挿絵: ジュディス・ロスケ
監修: 穴井宰子

東京《とうきょう》は、昔《むかし》、江戸《えど》と呼《よ》ばれていました。そして、昔《むかし》からずっと東京《とうきょう》に住《す》んでいる人《ひと》を『江戸《えど》っ子《こ》』と呼《よ》びます。勝《まさる》もそんな江戸《えど》っ子《こ》です。勝《まさる》は、東京《とうきょう》の浅草《あさくさ》で生《う》まれ、浅草《あさくさ》で育《そだ》ちました。勝《まさる》のお父《とう》さんもおじいさんも、浅草《あさくさ》で生《う》まれ、浅草《あさくさ》で育《そだ》ちました。勝《まさる》の家《いえ》は、浅草《あさくさ》で、もう六十年《ろくじゅうねん》も『仏壇屋《ぶつだんや》』をやっています。今《いま》は勝《まさる》のお父《とう》さんがお店《みせ》をやっていますが、お父《とう》さんの前《まえ》は、おじいさんがやっていました。『仏壇《ぶつだん》』というのは、お寺《てら》を小《ちい》さくした箱《はこ》のようなもので、家《いえ》の中《なか》に置《お》いて、死《し》んだ人《ひと》のためにお祈《いの》りをします。仏壇屋《ぶつだんや》は、その仏壇《ぶつだん》を売《う》るお店《みせ》です。

仏壇

お父《とう》さんは、勝《まさる》が大《おお》きくなったら、勝《まさる》も仏壇屋《ぶつだんや》になるだろうと思《おも》っていました。けれども、勝《まさる》は、浅草《あさくさ》の古《ふる》い町《まち》や、仏壇屋《ぶつだんや》に興味《きょうみ》がありませんでした。西洋《せいよう》の音楽《おんがく》が大好《だいす》きで、毎日《まいにち》、ジャズ《じゃず》ばかり聴《き》いていました。

そして、十八歳《じゅうはっさい》の時《とき》、ジャズピアニスト《じゃずぴあにすと》になろうと、一人《ひとり》でアメリカ《あめりか》のニューヨーク《にゅーよーく》に飛《と》び立《た》ったのです。

勝《まさる》がニューヨーク《にゅーよーく》に行《い》ってから、お父《とう》さんは、決《けっ》して電話《でんわ》をかけませんでしたが、手紙《てがみ》を書《か》きました。月《つき》のはじめには、必《かなら》ずお父《とう》さんから手紙《てがみ》が来《き》ました。

「桜《さくら》が咲《さ》き始《はじ》めたぞ。とてもきれいだ。」

お父《とう》さんの手紙《てがみ》には、いつも浅草《あさくさ》の町《まち》のことが書《か》いてありました。勝《まさる》は、浅草寺《せんそうじ》の美《うつく》しい桜《さくら》を思《おも》い出《だ》しました。

今月《こんげつ》も、また、お父《とう》さんから手紙《てがみ》が来《き》ました。手紙《てがみ》には「もうすぐ三社祭《さんじゃまつり》だ。お父《とう》さんは、今年《ことし》も神輿《みこし》を担《かつ》ぐぞ。」とありました。浅草生《あさくさう》まれのお父《とう》さんは、三社祭《さんじゃまつり》でお神輿《みこし》を担《かつ》ぐのを、毎年《まいとし》、楽《たの》しみにしています。

お父《とう》さんの手紙《てがみ》を読《よ》んで、華《はな》やかなお祭《まつ》りの風景《ふうけい》が目《め》に浮《う》かんできました。
トコトントンツク《とことんとんつく》、トントンツク《とんとんつく》
お囃子《はやし》のメロディー《めろでぃー》が勝《まさる》の頭《あたま》の中《なか》で響《ひび》き始《はじ》めました。

「そいや！　そいや！」

と、お神輿《みこし》を担《かつ》ぐ男《おとこ》たちの元気《げんき》な声《こえ》も聞《き》こえてくるようです。
その日《ひ》から、トコトントンツク《とことんとんつく》、トントンツク《とんとんつく》というお囃子《はやし》が、勝《まさる》の頭《あたま》の中《なか》で、繰《く》り返《かえ》すようになりました。
地下鉄《ちかてつ》に乗《の》ってもトコトントンツク《とことんとんつく》、
買《か》い物《もの》をしていてもトントンツク《とんとんつく》
と、聞《き》こえてきます。
ピアノ《ぴあの》の練習《れんしゅう》をしようとすると、トコトントンツク《とことんとんつく》、
目覚《めざ》まし時計《どけい》の音《おと》まで、トントンツク《とんとんつく》と聞《き》こえます。

「よし、今年《ことし》は三社祭《さんじゃまつり》を見《み》に日本《にほん》へ帰《かえ》ろう。」

勝《まさる》は、ニューヨーク《にゅーよーく》に来《き》てから初《はじ》めて、日本《にほん》に帰《かえ》ろうと決心《けっしん》しました。

勝《まさる》は、五年《ごねん》ぶりに浅草《あさくさ》の家《いえ》の前《まえ》に立《た》っていました。仏壇屋《ぶつだんや》は、閉《し》まっていて、とても静《しず》かです。勝《まさる》は、家《いえ》の戸《と》を叩《たた》きました。しかし、家《いえ》の中《なか》からは返事《へんじ》がありません。もっと強《つよ》く戸《と》を叩《たた》いてみましたが、やはり、返事《へんじ》がありません。

勝《まさる》が戸《と》を叩《たた》いていると、隣《となり》の家《いえ》の秀和《ひでかず》おじさんが顔《かお》を出《だ》しました。

「あ！勝《まさる》くん！いつ日本《にほん》に帰《かえ》ってきたんだい。」

秀和《ひでかず》おじさんは、勝《まさる》の姿《すがた》を見《み》ると、目《め》を丸《まる》くして言《い》いました。

「今朝《けさ》、帰《かえ》ってきたばかりだよ。」

と、勝《まさる》は答《こた》えました。おじさんは、勝《まさる》の方《ほう》に来《き》て、言《い》いました。

「勝《まさる》くん、お父《とう》さんはね、今《いま》、入院《にゅういん》しているんだ。お母《かあ》さんは、さっき、病院《びょういん》へ行《い》ったよ。」

それを聞《き》いて、勝《まさる》は、病院《びょういん》へ走《はし》り出《だ》しました。

お父《とう》さんは、三階《さんがい》の角《かど》の小《ちい》さな病室《びょうしつ》で寝《ね》ていました。勝《まさる》は、なんだかお父《とう》さんが前《まえ》より小《ちい》さくなったように思《おも》いました。お母《かあ》さんは、ベッド《べっど》の近《ちか》くの椅子《いす》に座《すわ》って、静《しず》かに本《ほん》を読《よ》んでいました。お父《とう》さんもお母《かあ》さんも、勝《まさる》が病室《びょうしつ》の入《い》り口《ぐち》に立《た》っているので、驚《おどろ》きましたが、すぐに、うれしそうに笑顔《えがお》を見《み》せました。

「お父《とう》さん、どこが悪《わる》いの？」

と、勝《まさる》は母親《ははおや》に聞《き》きました。

「ちょっと怪我《けが》しただけよ。もう大丈夫《だいじょうぶ》よ。」

お母《かあ》さんは、立《た》ち上《あ》がって勝《まさる》に近《ちか》づくと、言《い》いました。お父《とう》さんは、ベッド《べっど》の横《よこ》から新聞《しんぶん》をとって、勝《まさる》に見《み》せました。その新聞《しんぶん》には、一人《ひとり》の日本人《にほんじん》の青年《せいねん》が、去年《きょねん》の冬《ふゆ》にニューヨーク《にゅーよーく》でコンサート《こんさーと》を開《ひら》いたという記事《きじ》が赤《あか》く囲《かこ》んでありました。勝《まさる》は、だまって椅子《いす》に座《すわ》っていました。

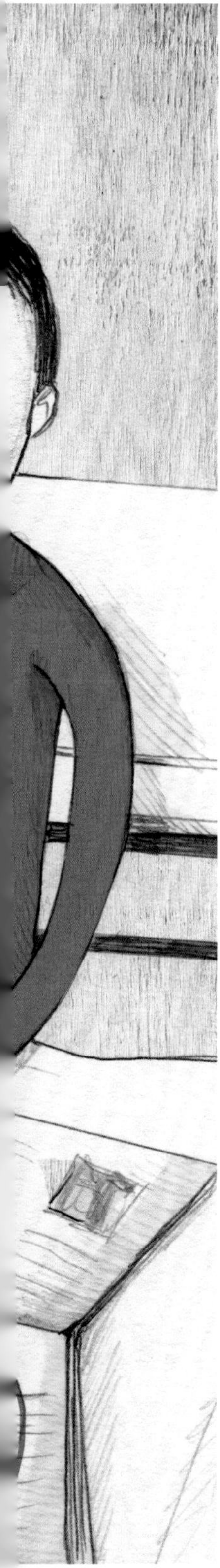

突然《とつぜん》、お父《とう》さんが、大《おお》きな声《こえ》で勝《まさる》に聞《き》きました。

「どうして、帰《かえ》ってきたんだ？」

「お父《とう》さん。三社祭《さんじゃまつり》で、お父《とう》さんの代《か》わりにお神輿《みこし》を担《かつ》いでもいい？」

勝《まさる》は、思《おも》い切《き》って言《い》いました。すると、お父《とう》さんは言《い》いました。

「ピアニスト《ぴあにすと》の勝《まさる》が、神輿《みこし》を担《かつ》ぐって？」

勝《まさる》は、今度《こんど》は立《た》ち上《あ》がって言《い》いました。

「僕《ぼく》も浅草《あさくさ》で生《う》まれた江戸《えど》っ子《こ》だよ。僕《ぼく》の中《なか》に、三社祭《さんじゃまつり》は生《い》きているんだ。」

「トコトントン《とことんとん》ツク《つく》、トントン《とんとん》ツク《つく》。」

と、勝《まさる》は、お囃子《はやし》を口《くち》ずさみました。お父《とう》さんは、それを聞《き》いて笑《わら》い出《だ》しました。

お父《とう》さんの大《おお》きな笑《わら》い声《ごえ》は、病室《びょうしつ》の外《そと》まで響《ひび》きました。

三社祭《さんじゃまつり》の日《ひ》、お囃子《はやし》が鳴《な》り響《ひび》く賑《にぎ》やかな浅草《あさくさ》の町《まち》で、勝《まさる》はお神輿《みこし》を担《かつ》いでいました。お神輿《みこし》は、思《おも》っていたよりも重《おも》く、勝《まさる》の肩《かた》に食《く》い込《こ》みました。

それでも、勝《まさる》は、

「そいや！　そいや！」

と、誰《だれ》よりも大《おお》きな声《こえ》を出《だ》して、お神輿《みこし》を担《かつ》いでいました。

The Carpenter and the Demon

When a carpenter enters into an unwanted deal with a vile demon, he risks losing his eyeballs if the demon can build a bridge over a turbulent river. The carpenter's only chance to escape his gruesome fate is to correctly guess the demon's name...

Puss in Boots

When the youngest son of a poor miller inherits only his father's cat - he laments. But appearances prove deceptive as Puss puts on a pair of boots and sets out to make his master's fortune!

The renowned tale of how an ingenious cat outwits the King, overcomes a wizard and wins a princess!

The Tale of Tanabata

The legendary, romantic story behind two stars at the eastern and western ends of the Milky Way...

When two lovers in Heaven, Orihime and Hikoboshi, incite the anger of God, they are separated by the Milky Way and are only allowed to meet on one day each year – Tanabata.

The Cats and Tanabata

According to legend, Tanabata is the only day of the year when two lovers in Heaven can meet. When Natsuki's cat, Myu, is unwell on Tanabata she makes a special wish.

In an enthralling adventure, Natsuki and her friends reunite Myu with her mate.

Masaru Comes Home

The young Masaru flies to New York to follow his ambition to become a jazz pianist, leaving his family's Buddhist altar shop and old Japanese traditions behind. But when music and scenes from the Sanja Festival start recurring in his mind, Masaru feels he must return home to Japan...

LRJ Levels	Characters per Story	Vocabulary Range (up to)	Europe - CEFR Levels	US - ACTFL Proficiency Guidelines
1	500 - 1500	500	A1	Novice
2	1500 - 2000	800	A2-1	Intermediate
3	2000 - 3000	1200	A2-2	Intermediate High
4	3000 - 5000	1500	B1-1	Advanced Low
5	5000 - 8000	2000	B1-2	Advanced Mid
6	8000 - 10000	3000	B2	Advanced High

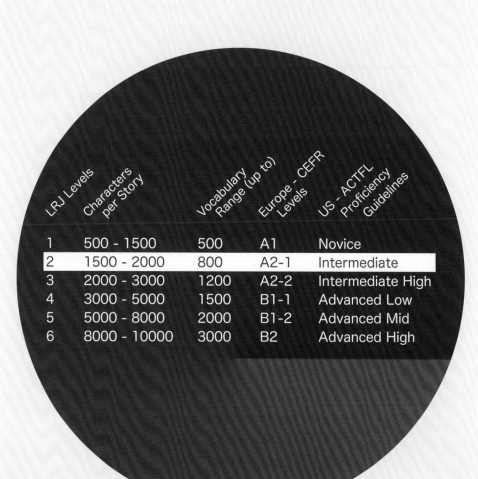